Architektur Grunz Wissen

Wolfgang Brenneisen

hat Bücher geschrieben und Ausstellungen gemacht.
Weitere Informationen unter:
https://de.wikipedia.org/wiki/Wolfgang_Brenneisen

Wolfgang Brenneisen

Architektur
Grunz
Wissen

© 2022 Wolfgang Brenneisen
Herstellung und Verlag:
BoD – Books on Demand, Norderstedt
ISBN 9783755798880

Allmann, Tacker & Fritz

Die Architektur – das ist ein weites Feld. Was da über Jahrtausende gebaut wurde! Zum Glück ist das Meiste wieder in sich zusammengefallen und so von der Bildfläche verschwunden, aber es bleibt immer noch genug übrig. Und zu allem Überfluss hat die Bauwut in unserer Zeit noch zugenommen, in Verbindung damit leider auch die Innovations- und Experimentierfreude, sodass auch der gutwilligste, geduldigste, zäheste Architekturinteressierte den Überblick verlieren muss. Kein Wunder, dass in diesem Wirrwarr das Verständnis für grundlegende Prinzipien des Häuserbauens verloren gegangen ist, leider auch bei den Machern, den Vollstreckern, also den Architekten.

Angesichts dieser Notlage ist es tröstlich zu wissen, dass es das Büro Allmann, Tacker & Fritz gibt, das einerseits den Blick auf das Wesentliche, Immergültige lenkt, andererseits von einem geradezu revolutionären Elan erfüllt ist. So wird Architektur wieder verständlich und zugleich leidenschaftlich.

Wer aber betreibt das Büro? Kaum ein Kenner der Szene wird etwas mit diesen Namen anfangen können. Tatsächlich haben Allmann, Tacker und Fritz bis jetzt noch kein Bauvorhaben realisiert, mit anderen Worten: Es sind Theoretiker, deren in die Praxis umgesetzte Visionen die Welt verändern könnten. Von reiner Theorie soll man aber nicht gering denken, man erinnere sich nur, wie der berühmte Rem Koolhaas als Journalist und Essayist angefangen hat!

Das Haupt des Büros ist Allmann. Er ist nicht mehr der Jüngste - also der Erfahrenste, der ungeachtet seines Alters immer noch das Feuer der Jugend in seinem Herzen bewahrt hat. Erstaunlicherweise hat Allmann nie studiert und ist auch nicht in der Architektenkammer eingetragen. Sein enormes Wissen hat er aus allen möglichen Quellen bezogen. Aufgrund seines unorthodoxen Bildungswegs wird er nicht von den Scheuklappen eingeengt, die, dem Gott des Bauwesens sei es geklagt, nicht wenige der studierten Architekten tragen. Allmanns Devise ist: Architektur ist der Weg zur Freiheit und Schönheit.

Kein Wunder, dass von solch einer Persönlichkeit eine große Faszination ausgeht. Der junge Tacker hat sich Allmann angeschlossen und hängt geradezu an seinen Lippen. Tacker hat ein Architekturstudium begonnen, doch ist er mit seinen akademischen Lehrern nicht so recht zufrieden. Zwar hätten sie Nützliches zu erzählen, meint er, aber es fehle der Schwung, die Begeisterung, die Leidenschaft. Eben das findet er bei Allmann, dem charismatischen Außenseiter. Tacker geht also (sporadisch) zur Uni, ist aber häufiger bei Allmann.

Auch Fritz ist kein studierter Architekt, sondern der Hund von Allmann. Dass er desungeachtet als dritter Partner des Büros figuriert, hat seinen guten Grund. Fritz verfügt über einen untrüglichen animalischen Instinkt, der bei der Beurteilung eines architektonischen Entwurfs unentbehrlich ist. Wenn er einen solchen ablehnt, sei es, dass er sich einfach abwendet, oder sei es, dass er - schlimmer noch - das Bein hebt, um seine Missbilligung nachdrücklich mitzuteilen, ist die Angelegenheit für Allmann und Tacker gestorben.

In dieser menschlich-tierischen Konstellation fährt das Büro gut. Wie im Fall von Rem Koolhaas ist es nur eine Sache der Zeit, bis ATF in aller Munde ist und die selbstgefällige Architekturszene gründlich aufmischt...

Häuserbauen
ist Kopfsache.

Allmann belehrt den Nachwuchs.

Geschichte der Architektur
in ausgewählten Beispielen

Visionäre Idee
aus dem 12. Jahrhundert

Büro Allmann, Tacker & Fritz

Wir bauen Ihr Haus.

Wie war das
eigentlich mit
der Schöpfung,
Allmann?

Na ja, sieben
Tage lang war
nicht viel los.

Aber am achten Tag
hatte der HERR
eine Idee.

Grüß Gott!

Tritt ein!
Bring Glück herein!

Super!

Echt geil!

Ein Geniestreich von Rem Koolhaas!

Büro eines ordentlichen Architekten

17

Saustall eines unordentlichen Architekten

Ein Haus ohne Fenster
ist irgendwie doof, Tacker.

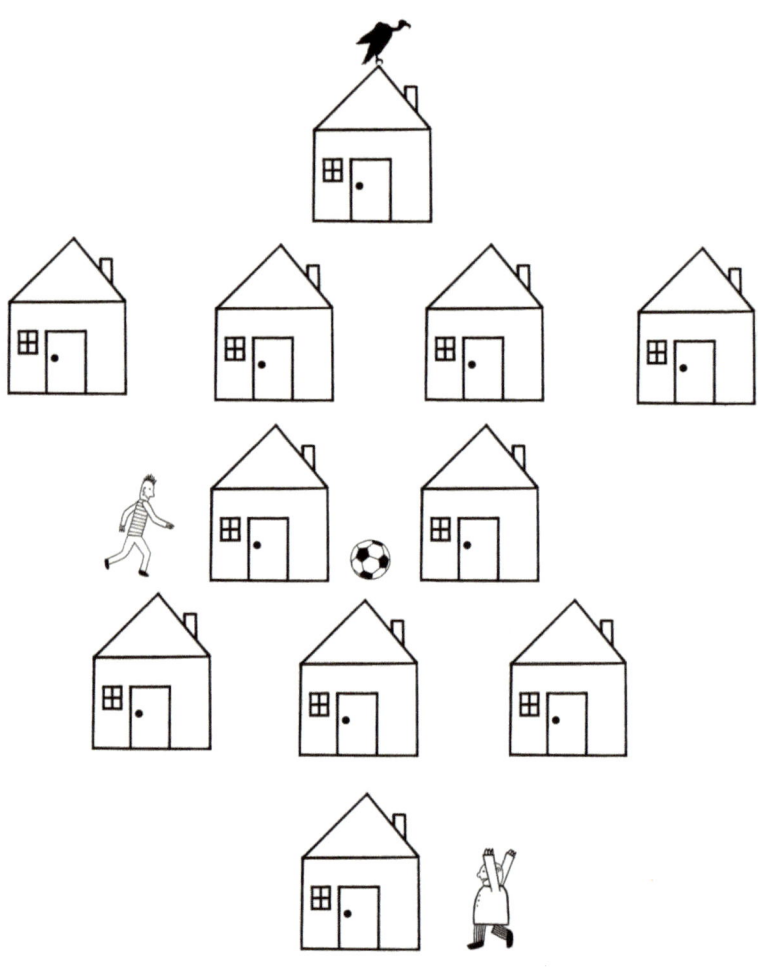

Es gibt viele erstaunliche Parallelen
zwischen Architektur und Fußball.

Gelungene Verbindung
von Arbeiten und Wohnen

ᛊᛏᛟᚾᛖᚺᛖᚾᚷᛖ

Solider Rohbau, würde ich sagen.
Das ist aber auch alles. Wahrscheinlich hat der Bau-Unternehmer Pleite gemacht.

So hätte es
werden können!

Der Architekt
ist vor allem ein Kopfarbeiter.

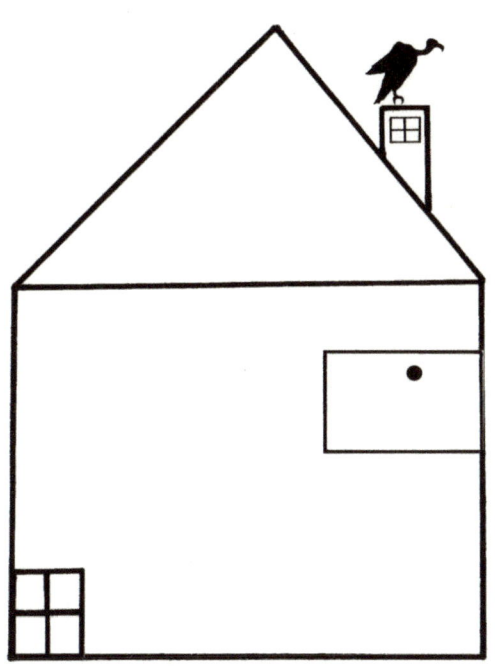

Tür und Fenster
haben unterschiedliche
Funktionen.

Gelungenes Penthouse

Riskantes Penthouse

Verdichtetes Bauen
ist das Gebot der Stunde.

Die Vorstellung des Bauherren
von seinem Haus
spottet jeder Beschreibung.

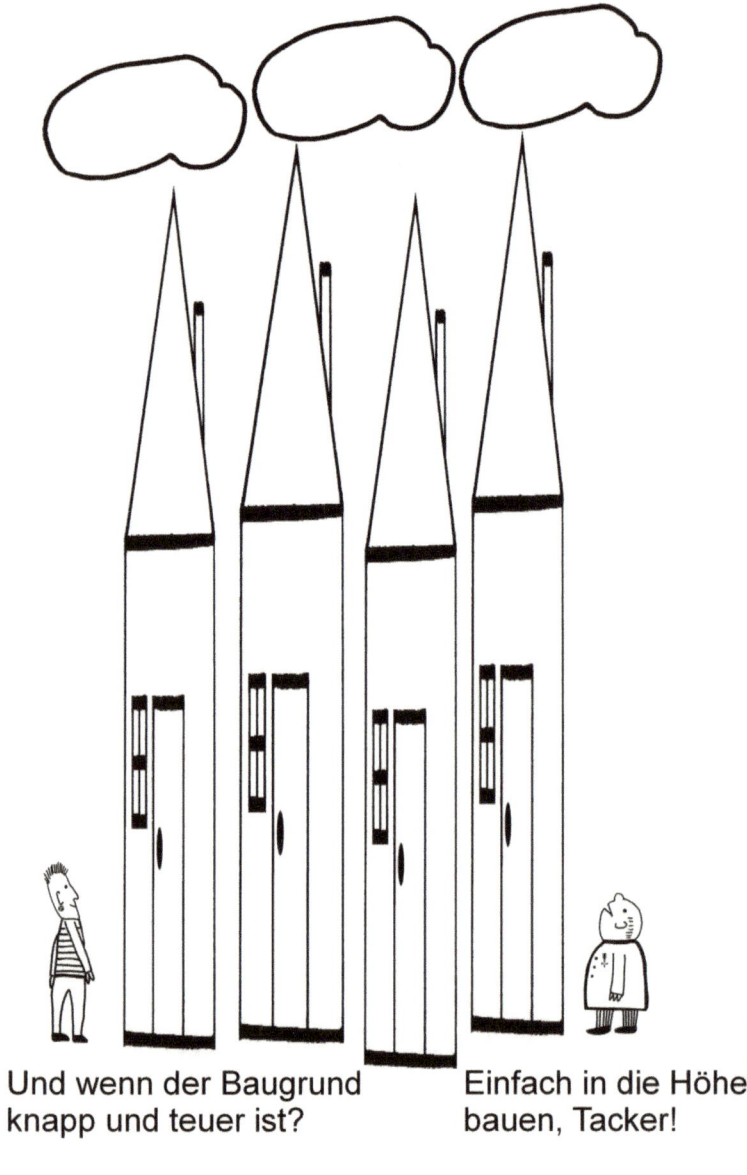

Und wenn der Baugrund
knapp und teuer ist?

Einfach in die Höhe
bauen, Tacker!

Wo Platz ist,
kann auch breit gebaut werden.

Dynamischer Jungarchitekt

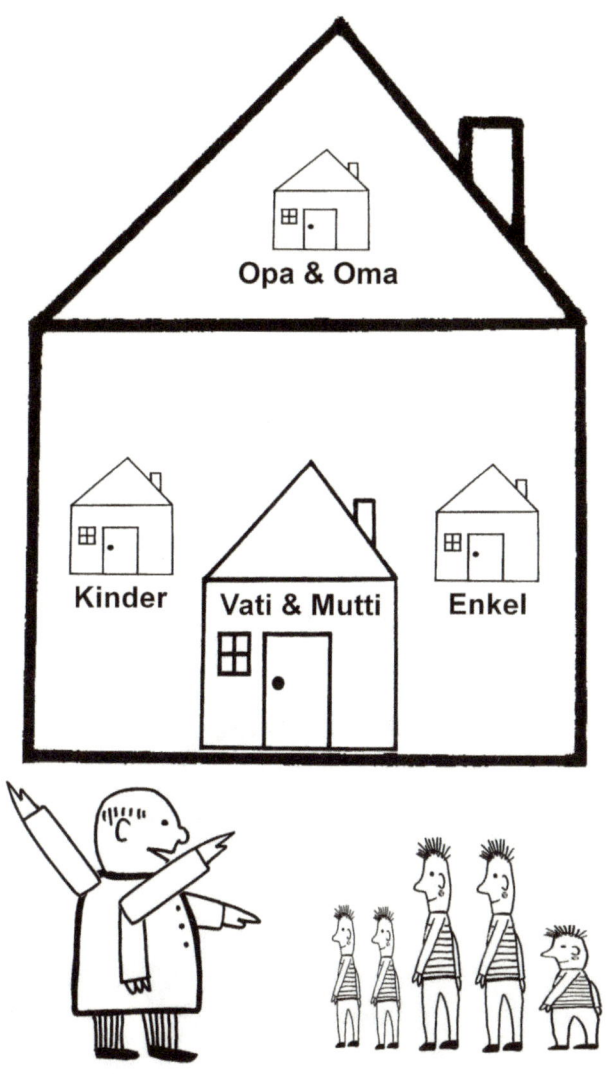

Opa & Oma

Kinder   **Vati & Mutti**   **Enkel**

Mehrgenerationen-Haus

Mobile Home

Platon hat eine Idee
von der Idee des Hauses

Lehrreich und inspirierend sind
die Proto-Architekturen der Tierwelt.

Mit etwas Geschick
kann die Grundstruktur
menschengerecht
weiterentwickelt werden.

Die Türklinke ist
die Visitenkarte
des Architekten.

Das Richtfest ist der Anlass
zu großer Fröhlichkeit.

Ein Tiny House sollte nicht zu tiny sein.

Erneuerbare (nachhaltige) Architektur

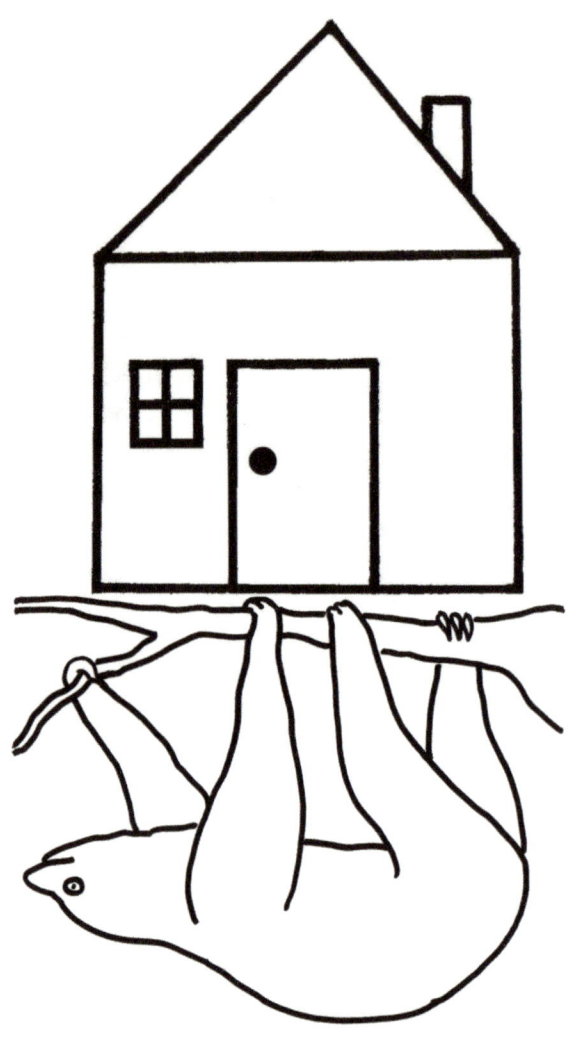

Fauler Architekt
Kein Ruhmesblatt für den Berufsstand

Fleißiger Architekt

Unterirdisches Bauen hat
ein enormes Zukunftspotenzial.

Le Corbusiers erster Entwurf für
Chapelle Notre-Dame-du-Haut
de Ronchamp

Interessante, aber
prekäre Statik
Tacker.

Architektur-Theorie:
Die Geburt des Hauses
aus der Kiste
(Professor Ernstl)

*"Das Haus kann seine Herkunft
von der Kiste nicht verleugnen."*

Auch eine einfache Wohneinheit
kann durch dezenten Gartenbewuchs
enorm aufgewertet werden.

Die Treppe verbindet zwei Ebenen miteinander.

49

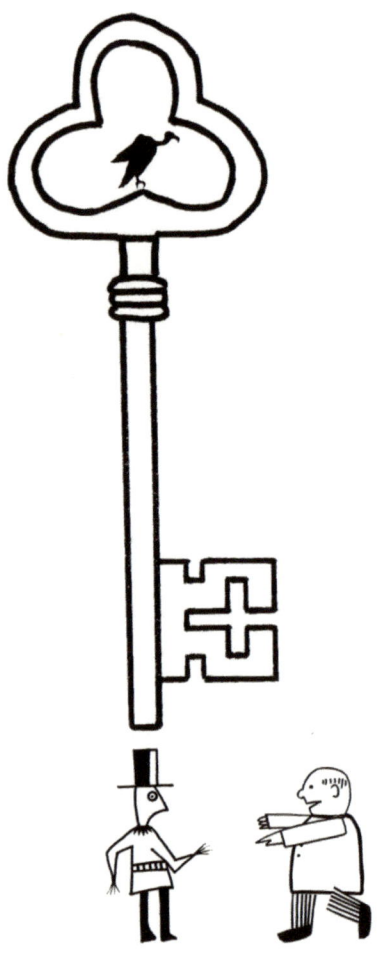

Die Schlüsselübergabe ist
der Höhe- und Schlusspunkt
einer wunderbaren Symbiose.

Das Hausdach
ist eine Erfindung
der alten Ägypter.

Bockstark!

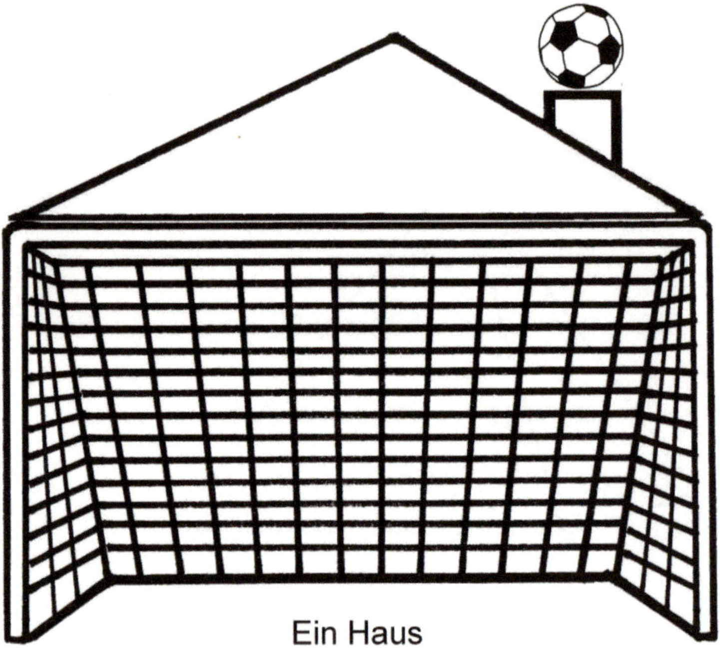

Ein Haus
für Manuel Neuer

中國製造

Ursprünglicher Entwurf
für die Chinesische Mauer

Zaha Hadid hat die Vision
einer Feuerwehrwache.

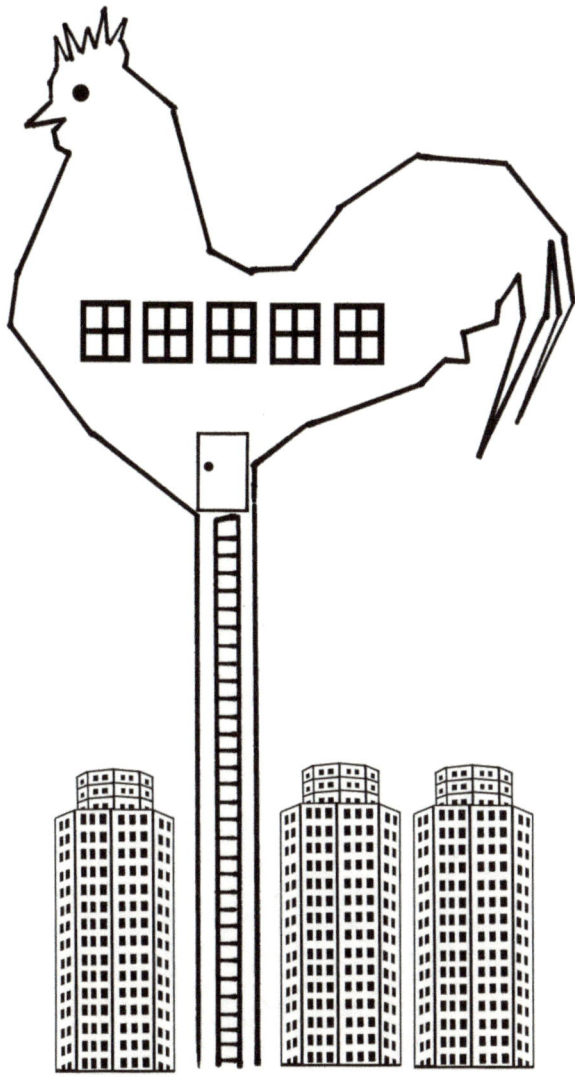

Postmoderne Retro-Architektur

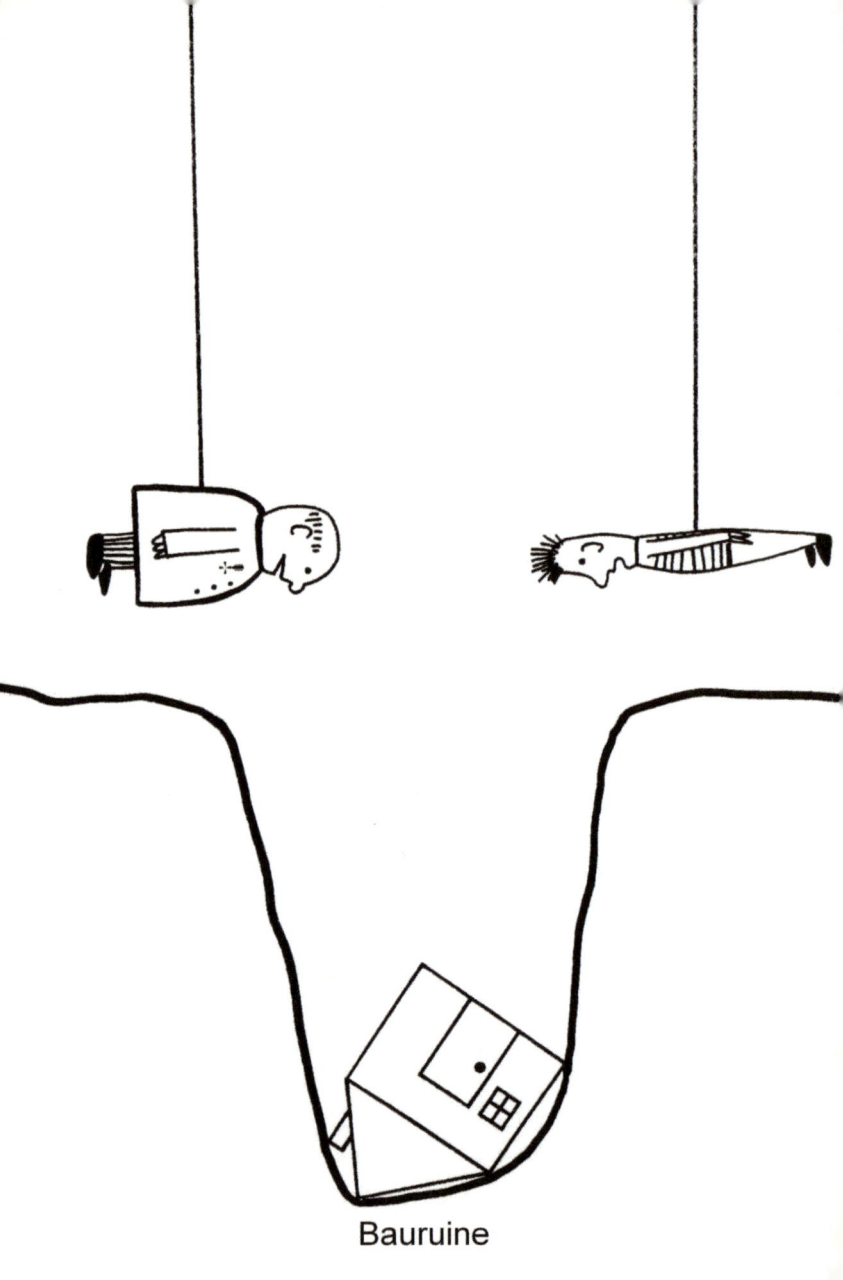

Bauruine

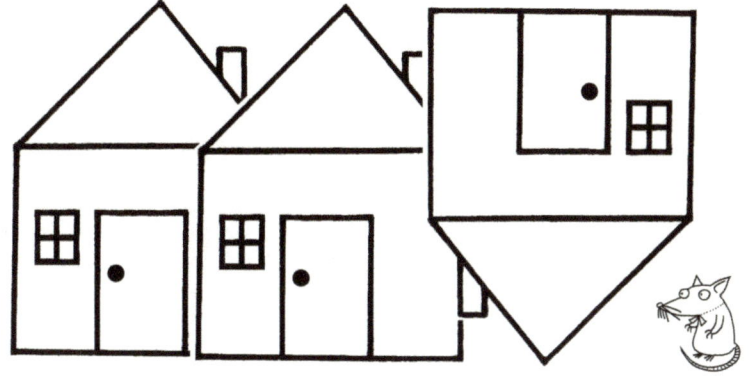

Unkonventionelles Bauen

Große Vorbilder
Le Corbusier
Unité d'Habitation

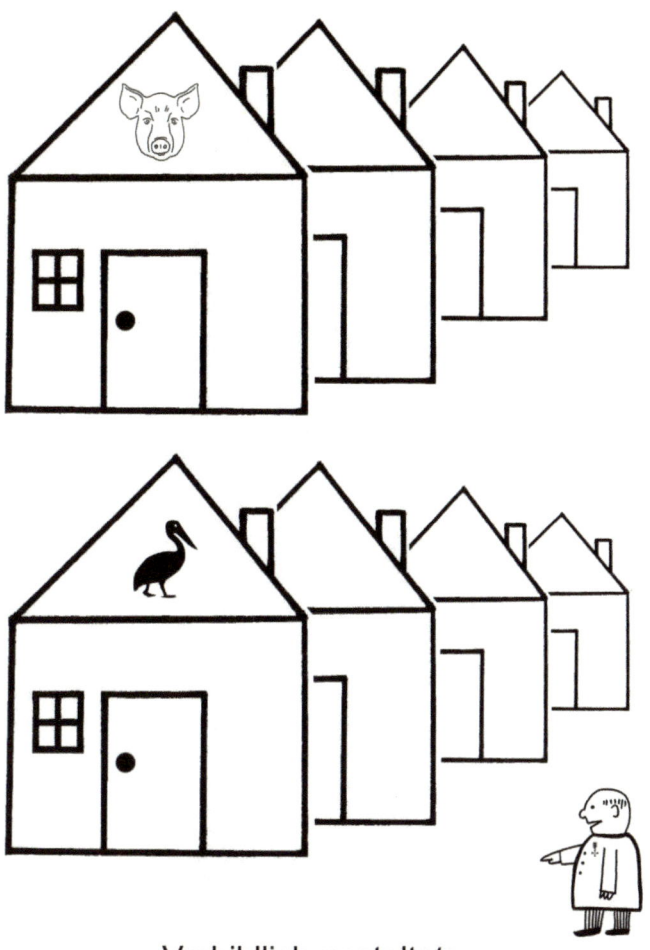

Vorbildlich gestaltete,
individuelle Wohneinheiten

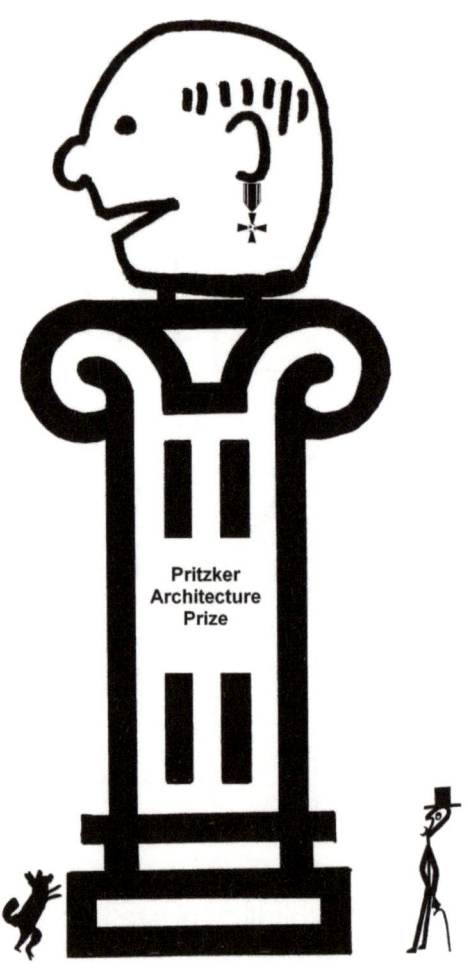

Die längst fällige Ehrung

edition imme

Wolfgang Brenneisen
2022 Zwölf Monate
Books on Demand, Norderstedt
ISBN 9783754375181

Wolfgang Brenneisen
Australien Terra incognita
Books on Demand, Norderstedt
ISBN 9783754351727

Wolfgang Brenneisen
Sei einfach, einfach du selbst!
Books on Demand, Norderstedt
ISBN 9783750492684

Wolfgang Brenneisen
Schloss Gottorf - der Skulpturenpark
Books on Demand, Norderstedt
ISBN 978375431052660

Wolfgang Brenneisen
I am a Flensburger
Books on Demand, Norderstedt
ISBN 9783755735724

Wolfgang Brenneisen
Tütland
Books on Demand, Norderstedt
ISBN 9783755740391

Wolfgang Brenneisen
Fußball iss ganz schön scheiße
Books on Demand, Norderstedt
ISBN 9783755759881

edition imme

Wolfgang Brenneisen
24 schöne Postkarten
Books on Demand, Norderstedt
ISBN 9783755741435

Wolfgang Brenneisen
The Vikings of Haithabu
Books on Demand, Norderstedt
ISBN 9783754355602